Lb 49 480

AF467483

2199

# NOTICE

Sur le Procès

# DU KALÉIDOSCOPE,

*Au Profit*

*De l'amende prononcée contre M. Arago,*

PAR LE TRIBUNAL DE POLICE CORRECTIONNELLE.

PRIX : 1 F.

BIBLIOTHEQUE ROYALE

BORDEAUX,

DE L'IMPRIMERIE DE J. PELETINGEAS FILS,

RUE SAINT-REMI, N.° 23.

# NOTICE

## SUR LE PROCÈS

# DU KALÉIDOSCOPE.

BIBLIOTHÈQUE ROYALE

Le lundi, 6 Novembre dernier, la 61.$^{me}$ livraison du *Kaléidoscope* fut saisie, à la requête du procureur du Roi, chez l'imprimeur Peletingeas, au bureau du journal, dans les cabinets de lecture et les cafés les plus fréquentés de la ville. Cette saisie était motivée sur l'insertion, dans ce 61.$^{me}$ numéro, des deux articles suivans :

« On prétend que la rue Vide-Gousset va changer de nom ; elle s'appellera désormais rue Villèle ».

« Pourquoi dites-vous toujours tant de mal de » notre premier ministre ? — Parce que c'est un vo- » leur. — Je crois que lui seul peut sauver la France. » — Oui, en se brûlant la cervelle ».

En conséquence de cette saisie, M. J.$^{s}$ Arago, directeur du *Kaléidoscope*, et auteur des articles incriminés, fut appelé chez M. le Juge d'instruction, pour avoir à développer sa pensée. Il soutint devant ce magistrat le système de défense exposé plus au long dans son plaidoyer. Cité, quelques jours plus tard, à comparaître devant la 2.$^{me}$ chambre de police correctionnelle, il s'y présenta le 22 Novembre dernier, as-

février 1827

sisté de M.e Lassime, son défenseur pour le point de droit. Une foule considérable assiégeait les portes du tribunal et remplissait la salle des pas perdus. A midi, les juges prirent place et les portes furent ouvertes au Public, qui envahit avec tumulte le banc des avocats et le prétoire, ordinairement réservé aux parties et à leurs témoins. Le calme ayant succédé, l'audience fut ouverte par la lecture des articles incriminés et l'avis de la chambre du conseil qui renvoyait M. Arago devant la police correctionnelle, malgré l'usage suivi à Paris dans ces sortes d'affaires, et dont nous trouvons un récent exemple dans le procès de M.e Isambert. M. le Substitut du procureur du Roi ne voulut parler qu'après le prévenu et son conseil; aussi, malgré les réclamations de M. Arago, il lui fut prescrit de prendre l'initiative. Il prononça le discours suivant :

MESSIEURS,

S'IL existait un pays où la liberté de penser fût un crime; si un législateur avait pu imposer à l'homme l'obligation de ne penser qu'avec les dépositaires de la puissance, ou, en d'autres termes, de ne penser que selon les tems et les lieux; ce pays, je ne crains pas de le dire, ne serait qu'un réceptacle hideux d'êtres nuls ou dégradés.

L'homme libre ne vit que dans un pays libre. Les menaces et les fers font des martyrs et non des prosélytes; et, pour certains caractères, l'esclavage a beau être à l'ordre du jour, les chaînes, quelque légères qu'elles soient, pèsent; et la nature, d'accord avec la raison, nous dit de nous affranchir du joug.

Dans une belle âme, penser c'est agir. L'honnête homme dit ce qu'il pense ; et, dans l'espoir d'une faveur qui l'avilirait à ses propres yeux, il n'ira pas, le sein fleurdelysé, ou l'arquebuse à la main, crier, comme à une époque de sanglante mémoire : *Vive le Roi, vive la ligue*.

Autres tems, autres mœurs..... Les jours des conspirations ne se lèvent plus pour nous. La France, heureuse et tranquille, voit ses villes peuplées de nobles étrangers; ses ports visités par les navires voyageurs de toutes les parties du monde ; ses pavillons chéris, respectés. On salue encore aujourd'hui le nom Français, non pas peut-être avec autant d'admiration, mais avec plus d'amour qu'on ne le faisait à cette époque, peu éloignée de nous, où la gloire de nos drapeaux ennoblissait en quelque sorte les projets gigantesques de l'ambition.

Jeune encore, j'ai vu, Messieurs, dans les pays les plus éloignés de nos contrées, les chefs renommés de notre marine, pris pour médiateurs dans les discussions commerciales et dans les divisions politiques. D'où cette confiance? De la franchise bien reconnue de notre caractère ; et la franchise de caractère est, en effet, Messieurs, un sentiment trop noble, pour que, même dans les écarts où elle peut nous entraîner, on doive nous faire un crime d'une erreur. L'homme franc n'est point dangereux. L'astuce et l'hypocrisie seules sont à craindre, et la gaîté ne conspira jamais.

La France est donc heureuse ; et ses citoyens, fiers de leur amour pour le monarque attentif qui les gouverne, poursuivront de leur haine et de leur vengeance quiconque osera protester contre cette certitude.

Eh bien ! je proteste, moi, contre ce parfait bonheur de la France ; et personne cependant ne la désire avec une plus sainte ardeur, cette paix intérieure et solide, source première de la sûreté des états.

Mais pour l'obtenir enfin, ma voix n'a jamais retenti, puissante, à la tribune nationale ; mes coffres, hélas ! peu solides, n'ont offert aucune ressource à mes vœux, et quoique ma vie ait été errante et orageuse, mon nom, obscur comme ma renommée, est resté inconnu et sans éclat.

Mais vous le sortez aujourd'hui de son obscurité, ce nom qu'on chercherait vainement à flétrir, et je vous rends grâce de la petite célébrité qu'il acquerra.

En venant dans cette enceinte, j'ai la douce certitude que ce n'est pas ma cause seule que j'ai à défendre. Courage, me disait-on de toutes parts, vous avez pour juges des hommes incapables de se laisser influencer par les coteries ; vous avez attaqué des abus, vous n'avez pas lâchement courbé votre front, vous n'avez pas tremblé devant le pouvoir injuste ; nous vous décernons un diplôme d'homme d'honneur ; c'est à vous de le conserver pur et sans tache....... L'espérance de mes amis ne sera pas tompée, et je me flatte de prouver à tous ceux qui m'écoutent, que la route que j'ai suivie jusqu'aujourd'hui, est celle des hommes de bien.

Des cris accusateurs ont retenti dans cette ville, des menaces violentes ont été dirigées contre moi ; ces cris, j'ai dû les mépriser ; ces menaces, je les ai bravées ; et cependant, l'autorité, instruite des dangers qui m'environnaient, m'avait promis aide et protection. Mais cette haine sourde, invétérée, qu'ai-je fait pour la mériter ? M'a-t-on vu, distillant un perfide venin, exciter les citoyens à la révolte, à la sédition ? Ai-je jamais élevé une voix sacrilège contre la majesté du trône, ou la bienfaisance de nos Princes ? Ai-je publié, lâche calomniateur, que le général qui commande cette province avait forfait à l'honneur et déserté ses drapeaux à l'heure du danger ? Ai-je attaqué, dans ma présomption, les actes émanés de la première autorité de cette ville ? Ai-je dit que les arrêtés pris par notre maire fussent entachés de faiblesse ou de rigorisme ? Ai-je follement avancé que le savant orateur qui préside la seconde chambre du royaume, fût inepte et sans éloquence ? Ai-je flétri le commerce, déshonoré les artistes? Non, Messieurs ; si j'ai élevé la voix, ce n'a jamais été que pour défendre les prérogatives attachées au pouvoir, lorsque les hommes du pouvoir n'avaient en vue que le bien public. J'ai jeté des couronnes sur la tombe du brave qui a dit un dernier adieu à sa patrie, sur celle du négociant intègre qui l'a saluée de ses regrets ; j'ai appelé la vénération sur les restes du prélat auguste qui l'avait honorée par ses vertus.... Si ce sont là des crimes, si ce sont là des fautes, je suis coupable ; qu'on rive mes fers.

Mais non, de pareils sentimens peuvent bien être le motif de la haine que certains individus m'ont vouée ; ils n'en seront point le prétexte.

« Nous le prendrons, enfin, cet homme qui ose » dire ici sa façon de penser », s'écriaient ouvertement quelques-uns de mes ennemis, et le nombre en est heureusement fort borné. « Nous le *pincerons* enfin, (pardonnez-moi, Messieurs, ce sont leurs propres expressions que je répète), « et quand une fois nous » le tiendrons dans nos mains, nous verrons si l'in- » solence de ses paroles ne s'amendera pas ».

Ces menaces, Messieurs, étaient faites en public ; elles m'ont été rapportées par des hommes incapables de me tromper. Ceux qui les ont proférées sont peut-être ici, devant vos yeux..... Ferme dans la route que je m'étais tracée, je leur ai donné dix fois l'occasion de les mettre à exécution, non dans le fol espoir de l'emporter sur eux dans les combats difficiles de la parole, mais plein de l'idée qu'ils accepteraient une lutte non moins glorieuse, puisqu'il s'agissait de soutenir, *autrement*, les emportemens d'une passion réfléchie.

Toutefois, comme je les ai toujours trouvés rétifs à mes démonstrations, j'ai préféré douter enfin de l'exactitude des confidences amicales, que de me couvrir, par d'inutiles provocations, d'un vernis de forfanterie, que je regarde comme déshonorant.

Et cependant, Messieurs, satisfait que mes antagonistes aient entendu ma profession de foi sur leur caractère et sur leur conduite, toujours franc dans mes attaques, je ne crois devoir laisser planer un soupçon ni sur l'orateur qui a porté la parole contre moi, ni sur le magistrat qui préside aujourd'hui les débats où je figure. Ce dernier a, je n'en doute pas, cru remplir un devoir en incriminant mes expressions; c'est à moi, Messieurs, de lui prouver combien peu elles sont injurieuses.

En ce moment l'auditoire qui, jusqu'alors était resté calme et silencieux, fut agité de nouveau; la présence fortuite des gendarmes entrant dans la salle, la baïonnette au bout du fusil, excita de violentes rumeurs dans l'assemblée; la séance fut interrompue, et le tribunal, sur la réquisition du ministère public, ordonna que les débats auraient lieu à huis clos. Néanmoins cette décision fut de suite rapportée, et M. Arago, dont un rhume opiniâtre entravait à chaque instant la plaidoirie, ayant demandé le renvoi à quinzaine, son vœu fut de suite exaucé.

---

*Séance du 6 Décembre.*

L'affluence est toujours aussi considérable; mais de sages mesures, prises d'avance, empêchent les troubles de se renouveler. A midi, la salle est ouverte au public, qui la remplit bientôt et qui attend avec tranquillité l'ouverture des débats. Les avocats en robe se placent seuls sur le banc qui leur est réservé ; et le parquet ne contient que les personnes munies de billets. Sur l'invitation de M. le Président, M. Arago reprend son discours en ces termes :

MESSIEURS,

S'IL n'est pas rare pour vous d'entendre, à la suite d'un jugement rendu par la plus noble équité, des expressions de reconnaissance sortir de la bouche de ceux qu'on avait soumis à votre juridiction, il doit l'être au moins que ces mêmes sentimens de gratitude s'échappent du cœur de l'homme qui ne connaît point encore la décision que vous allez prendre à son égard.

Heureux de pouvoir aujourd'hui vous expliquer toute ma pensée sur les deux articles contre lesquels s'est élevé un cri accusateur, permettez-moi, Messieurs, de vous dire d'abord combien j'ai été touché de la bienveillance que vous m'avez déjà montrée. Vous avez voulu donner à ma défense toute la latitude convenable ; vous avez consenti à l'entendre, accompagnée du calme nécessaire à celui qui n'a en vue que la découverte de la vérité ; et vous avez, je n'en doute pas, été déjà instruits par le cri de l'opinion publique de ce qu'on a trouvé de juste dans votre dernière décision.

Notre pays n'est heureusement pas de ceux où les magistrats sont accoutumés à mépriser habituellement les hommes, et à douter toujours des sentimens généreux, à force d'avoir fait leur étude de la recherche des crimes et des faiblesses de l'espèce entière.

Vous avez trouvé en vous-mêmes un éclatant désaveu de cette opinion répandue encore dans les états à demi civilisés ; et vous croyez certes plus à l'empire du bien et de la concorde, qu'à la puissance du mal et des divisions.

Aussi, quelque jugement que vous portiez sur ma conduite et mes sentimens, ne craignez pas que je proteste jamais contre lui.

Vous allez entendre ma justification ; vous pèserez la valeur des raisonnemens qu'on opposera aux miens ; et si, vaincus par l'orateur qui portera la parole contre moi, vous penchez enfin vers la sévérité, attendez pour mieux fixer votre opinion, que je me sois de nouveau adressé à votre raison ébranlée, et que j'aie essayé de combattre l'éloquence par la logique.

Faible encore, il me sera difficile de donner à ma défense tout le développement que j'aurai désiré ; j'en dirai cependant assez pour vous convaincre. Je n'ai pas voulu renvoyer à une époque plus éloignée les débats d'une affaire, dont mes confrères et mes amis attendent l'issue avec impatience.

En second lieu, peut-être autre part, aurai-je été moins convaincu de la sagesse et de la droiture de mes juges. Quelques esprits malveillans auraient cru aussi que je reculais devant la justice, et je laisse à la lâcheté et à l'obscurantisme le soin de fuir les lumières et le combat.

Et d'abord, je ne vous le cache pas, si j'avais cru avoir à redouter les résultats de la décision que vous allez prendre, il m'eût été très-facile de m'en affranchir, et j'aurais aisément rencontré dans le monde un de ces êtres nuls, dont la vie uniforme et misérable, ne demande pas mieux que d'être employé, pourvu qu'il n'en coûte rien à l'indolence et à l'honneur.

J'aurais trouvé, n'en doutez pas, un éditeur responsable des deux articles poursuivis, qui se serait présenté à vous avec sa grossière ignorance, et vous aurait dit dans son langage convaincant : *Oui, c'est moi, Messieurs, que je les ai faits ; me v'là pour vous en répondre.*

Eh bien ! Messieurs, de pareils individus se sont en effet présentés chez moi, et m'ont offert leur liberté, en même tems que les prières de mes amis me pressaient de l'accepter.

Touché des sentimens d'estime de ces derniers, et plein de pitié pour les offres des autres, j'ai résisté avec opiniâtreté, parce que je suis, et veux toujours être ma caution, et parce que, surtout, j'ai regardé ma cause comme bien loin d'être perdue.

« Tout le monde saura que ces deux articles sont de » vous, poursuivaient mes amis pour me décider.

» Nous ne craignons pas la prison, ajoutaient les » hommes responsables ».

Je n'ai pas voulu leur donner cette joie, Messieurs, ni à mes amis cette consolation. Une voix accusatrice se serait peut-être encore élevée contre moi dans cette enceinte, sans qu'il m'eût alors été permis de la combattre, et j'ai préféré subir toutes les conséquences de ma position, que de m'en affranchir par un stratagême, innocent à la vérité, mais qui répugnait cependant à ma délicatesse.

Me voici donc, et je me justifie.

*La rue Vide-Gousset va désormais s'appeler rue Villèle*. J'ai dit cela, Messieurs, je l'ai écrit, et c'est là le premier chef de l'accusation qu'on dirige contre moi.

*Cantanno, Pagaranno*, disait Mazarin aîné, chargé jadis de veiller sur les revenus de l'état. Je me défie du silence de votre peuple, ajoutait-il, en s'adressant à son roi; s'il se tait, veillons; s'il crie, dormons tranquilles.

O rusé Italien! que tu savais bien lire dans nos cœurs! Et nous qui n'avons pas dégénéré de nos aïeux, nous qui sommes leurs cadets, quoique Mazarin n'ait point heureusement légué de cadets à la France, nous sera-t-il défendu d'employer l'arme qui seule nous reste contre les petites injustices et les petites vexations?.... Eh! quel mal peut faire mon innocente phrase à M. de Villèle, que je me garde bien de comparer à Mazarin? Sa réputation de ministre intègre y est-elle attaquée? Son avenir y est-il menacé? Ai-je créé le mot *Vide-Gousset*? N'existe-t-il pas en effet à Paris une rue qui porte ce nom?.... Pourquoi M. de Villèle n'irait-il pas y loger un jour?.... Pourquoi, en récompense de ses bienfaits, la nation reconnaissante ne donnerait-elle pas le nom de son ministre des finances, à une rue de sa capitale? Pourquoi ne serait-ce pas aussi bien la rue *Vide-Gousset* que la rue de l'*Écu* ou de la *Trésorerie?*... Vous le savez comme moi, Messieurs; ces noms qui arrivent jusqu'à nous, à travers les époques, ne doivent souvent leur existence qu'au hasard, et à des motifs parfois de la plus grande futilité. Les états policés ne sont malheureusement pas des pépinières de grands hommes, et après qu'on aura décoré quelques édifices publics des noms vénérés d'Henri IV, de Sully, de Vendôme, après que l'admiration des peuples aura consacré ceux des Voltaire, des Rousseau, des Lalande, des Cassini, des Buffon, il faudra bien créer des mots ou chercher des anecdotes pour baptiser les monumens de nos cités..... Aujourd'hui même, si le nom de Rivoli n'était pas trop cher à nos souvenirs, qui vous dit que cette rue, la plus belle de notre capitale, ne prendrait pas le nom de rue *Vide-Gousset*, en raison du vol incroyable qui vient d'y être commis à dix heures du soir, en face de l'hôtel des finances, et à côté de vingt sentinelles Suisses, dont les armes, je vous assure, sont en fort bon état. Oui, Messieurs, un vieillard a eu son gousset vidé par la main hardie de quelques voleurs, à une heure où la vigilance des gardiens de nos propriétés doit être plus active, et cela, à la porte même d'un ministère, lieu, comme on sait, toujours très-funeste aux spoliateurs... Eh bien! si nos neveux pouvaient un jour oublier qu'une des plus éclatantes victoires des Français a décoré de son nom une rue de Paris, il suffirait peut-être du fait seul que je viens de vous raconter, pour que cette même rue fût déshéritée d'un nom glorieux et appauvrie de la qualification banale de *Vide-Gousset*.

N'avons-nous pas vu, d'ailleurs, des contre-sens plus bizarres dans les nomenclatures de nos rues ou de nos places publiques? Et qui, parmi nous, ignore que telle rue anciennement appelée rue *des Jésuites*, se nomme aujourd'hui rue *des Vertus,* et telle place publique, jadis place *des Ignorantins* est de nos jours place *de l'Instruction publique*.

Ne rappelons pas, Messieurs ces époques désastreuses où le crime était dans le mot; et couvrons d'un ridicule ineffaçable ces censeurs ignares qui prétendaient régénérer leur pays, en ordonnant la suppression de quelques syllabes, remplacées par des syllabes plus absurdes encore. *Le Roi passait et le tambour battait aux champs,* a fait chanter la lyre mélodieuse de Monsigny, dans le *Déserteur*. Les censeurs de l'époque, plus pointilleux encore que les ministres d'Atropos d'aujourd'hui, y substituèrent selon le tems: *La loi passait,* et plus tard: *La municipalité passait*...... Le ridicule en est venu jusqu'à nous, Messieurs, et M. de Villèle tient trop sans doute à arriver grand à la postérité, pour qu'il désire la punition d'un homme qui lui aura donné un hôtel dans une rue dont le nom est singulier en effet, mais où, certes, il doit se trouver quelques honnêtes gens qui ne se plaindront pas sans doute du voisinage.

J'ai dit que la rue *Vide-Gousset* allait bientôt prendre le nom de rue *Villèle*, et cette plaisanterie est plus innocente, mille fois, que toutes celles qui poursuivent notre ministre des finances, dans les feuilles de la capitale, et dont il brave gaîment la causticité.

En voudriez-vous connaître quelques-unes?...... Ecoutez :

*Un banquier ayant appelé M. de Villèle* VOLEUR, *S. E. s'est contentée de lui répondre : Ce n'est pas vrai*..... Il n'y a pas d'équivoque, Méssieurs, et le nom de Villèle est en toutes lettres. En voici une autre :

*Les voleurs ont établi leur quartier général dans le plus bel hôtel de la rue Rivoli*..... Ah! Messieurs, si vous voyiez celui de notre ministre des finances!....

*M. Vil.... s'est fâché tout rouge l'autre jour, contre un de ses petits-neveux, qui est venu conjuguer devant lui le verbe : je vole, tu voles, etc.* Il ne peut pas non plus, Messieurs, y avoir ici ambiguïté, et vous savez bien qu'il est le ministre de France qu'on désigne par la syllabe *Vil*....

*M. de Vil*...., ajoute une autre feuille, (toujours la même syllabe) FAIT LOUER *son trois pour cent à Londres et le fait* ACHETER *à Paris*..... Oh! pour le coup, si mes plaisanteries sont acerbes, je ne sais pas, en vérité, quel nom il faudra donner à celles que je viens de citer. Je fais, moi, un mauvais jeu de mots sur la rue *Vide-Gousset*, et ces Messieurs attaquent notre ministre des finances dans ses actes, dans ses projets, dans ses conceptions. Moi je touche, eux écorchent;

moi je le ferai tout au plus sourire, eux le feraient crier.

Voulez-vous me permettre de citer encore?..... Ecoutez cet extrait d'un journal qui avait déjà appris la saisie du *Kaléidoscope*, à la date du 15 de ce mois.

Et d'abord, vous savez, Messieurs, par les feuilles publiques de toutes les couleurs, que les rues de notre capitale, à l'entrée de la nuit, ne sont maintenant sûres, ni pour le gendarme chargé d'arrêter les vagabonds et les malfaiteurs, ni pour les malfaiteurs eux-mêmes qui ont oublié la carte de sûreté de leur patron, ni pour la vieillesse sans défense, ni pour la beauté, presque toujours entourée de protecteurs..... L'homme du guet rentre dans sa caserne sans l'arme inutile qu'on lui a donnée pour protéger; le vieillard ne peut plus interroger la montre antique, héritage de plusieurs générations; la jeune fille, forcée, pour les besoins de sa vieille mère, de traverser de longues rues désertes, se voit contrainte de faire un sacrifice à la pudeur, et sort sans le schall modeste qui aurait appelé la cupidité..... Eh bien! Messieurs, au milieu de ces scènes de désordre, dont cependant je n'outre pas le tableau, et que certains personnages tolèrent peut-être pour occuper les esprits et les étourdir sur quelque nouvelle combinaison politique, les sarcasmes les plus cruels poursuivent journellement les dépositaires du pouvoir.

Voulez-vous savoir ce qu'on disait il y a quinze

jours, dans un journal indépendant, et qui poursuit cependant sa brillante carrière ? Le voici :

*M. de Villèle* (en toutes lettres), *M. de Villèle ne craint pas les voleurs ;* et immédiatement après : *Les loups ne se mangent pas.* A qui, je vous le demande, Messieurs les journalistes de Paris comparent-ils M. de Villèle ?.... Ce n'est pas à moi d'en déduire la conséquence; je ne fais que citer.

Mais, de tous tems, les ministres de nos Rois ont eu leurs antagonistes ; et l'historien cite avec vénération ceux contre lesquels ne s'est élevé que la voix de quelques écrivains satiriques. La réputation de M. de Villèle comme orateur, comme homme d'état, comme administrateur, effacera-t-elle celle des Sully, des Colbert, des Richelieu ?.... C'est fort douteux au moins, et cependant, Messieurs, Colbert a eu de nombreux ennemis, l'irascible cardinal, dont les cachots de la Bastille accusaient la puissance, a été poursuivi, déchiré par l'opinion publique ; et le sage Sully lui-même, ce philosophe si tolérant, ce ministre si intègre, ce véritable ami d'un monarque qui savait si bien apprécier les bienfaits de l'amitié, Sully eut aussi ses antagonistes et ses envieux, et j'ai lu plus de vingt épigrammes acerbes dirigées contre son administration paternelle.

Et pourquoi, seul privilégié d'entre tous les hommes d'état à porte-feuille, M. de Villèle ne serait-il pas exposé à quelques attaques inoffensives des écrivains indépendans ?.. N'est-il pas cuirassé contre nos coups ?..

Manque-t-il de défenseurs?.... en manquera-t-il jamais?.... Plus généreux peut-être que ceux qui sont plus Villéllistes que lui-même, comment cherche-t-il à s'en venger? Comme le lion de Nubie, affrontant les chasseurs qui osent le poursuivre.

Vous l'avez vu naguère. Un malheureux lui écrit pour lui demander de l'argent. (Demander de l'argent à M. de Villèle!....) Si vous ne m'en donnez pas, lui dit-il, vous serez assassiné..... L'alternative était pressante. L'homme est arrêté, mis en jugement, et rendu sur le champ à la liberté..... On l'a traité comme on traiterait celui qui, d'un souffle, tenterait de renverser la pyramide de Cécrops ou la colonne Vendôme, monumens solides d'orgueil éteint, et de gloire vivante, qui résisteront aux bouleversemens des empires, aux attaques des siècles.

Je le dis dans toute la conviction de mon âme; une plaisanterie aussi innocente que la mienne, ne peut pas plus blesser M. de Villèle que celles qu'on ferait sur sa tournure, sur sa maigreur, sur sa physionomie. Je ne pense pas que Byron eût proposé de cartel à celui qui l'aurait appelé *boiteux*, ni que le Camoëns eût cru avoir moins de génie parce qu'une balle ennemie l'avait privé de son œil droit.

Qui d'entre nous, Messieurs, n'a pas lu, au moins deux fois, ce poëme si rempli de sel attique, auquel M. de Villèle a donné son nom, et qui a immortalisé deux jeunes et courageux écrivains?... C'est là, c'est là que sont jetés poétiquement ces hémistiches vigoureux,



BIBLIOTHÈQUE IMPR

classés aujourd'hui dans toutes les mémoires, parce qu'ils sont, à peu d'exceptions près, l'écho de l'opinion publique. MM. Méry et Barthélemy, indépendans comme doivent l'être ceux qui aspirent à une réputation pure, se sont armés du fouet de Juvénal, et ont fait plus que de frapper un ministre debout; ils l'ont, par une fiction hardie, représenté au jour de sa chute, sans que M. de Villèle en ait seulement été ébranlé.

Eh bien! quelle voix accusatrice a protesté contre le succès des deux poètes?.... M. de Corbière leur a-t-il demandé raison du sommeil léthargique dans lequel ils le laissent toujours plongé? M. de Clermont-Tonnerre a-t-il fait gronder ses foudres contr'eux, pour leur prouver que son humeur était moins pacifique qu'ils ne le supposaient? M. de Villèle leur a-t-il expédié quelques sbires intraitables pour leur apprendre que s'il voulait *coter la rente sur les débris de l'univers*, personne n'avait le droit de lui en faire un reproche?... Non, Messieurs; nous savons au contraire que le puissant ministre a, le premier, payé son tribut d'admiration aux deux poètes satiriques, et nous parions mille contre un qu'au moins un exemplaire de la 15.me édition de la *Villéliade* orne aujourd'hui l'un des rayons de la bibliothèque du ministère des finances, s'il est vrai qu'il y ait une bibliothèque à ce ministère.

Si, déjà entouré d'une brillante auréole, le nom de M. de Villèle protégeait de toute la puissance de la vertu ou du génie une de nos rues ou une de nos places publiques, et que j'eusse écrit que la rue *Villèle* allait changer de nom et s'appeler rue *Vide-Gousset*, alors, mais alors seulement, l'indignation générale aurait dû s'élever contre moi et me demander compte d'une profanation presque sacrilège. Dans l'hypothèse où M. de Villèle aurait possédé les nobles qualités des Colbert, des Sully, des l'Hôpital, si j'avais voulu déverser le ridicule sur un nom vénéré, et le travestir en un nom humiliant, alórs, mais alors seulement; j'aurais été coupable.

Oui, Messieurs, j'appellerais le premier tout le poids de l'indignation publique sur celui qui chercherait à exiler de nos cités les noms chers au souvenir des hommes de bien; mais puisque le nom de M. de Villèle est honorable aux yeux de l'accusation, pourquoi m'en voudrait-elle de le substituer à un nom ridicule?

Erostrate aussi a eu sa célébrité, et je ne vois pas pourquoi on le cacherait à notre jeunesse, qui peut puiser dans le souvenir de sa funeste extravagance un sentiment de mépris pour toutes les illustrations criminelles.

Pour moi, je vous l'avoue, j'aimerais mieux voir inscrit sur les angles de nos carrefours les noms odieux des Cartouche et des Mandrin que ceux au moins déshonnêtes de *Trousse-Vache*, ou de *Pet au Diable*.

Et, ne vous y trompez pas, Messieurs, l'époque n'est peut-être pas éloignée où chaque homme d'état en faveur, verra son nom s'emparer de nos monumens, et arriver avec eux à la postérité. Rien ne nous dit en effet que bientôt la rue des *Ciseaux* ne s'appellera point rue *Lourdoueix;* la rue du *Veau qui tête*, rue *Frayssinous;* la rue de *la Navigation*, rue *Chabrol*, et le *Champ-de-Mars*, place *Clermont-Tonnerre*.

Ainsi, Messieurs, disparaît, après quelques instans de réflexion, la criminalité d'une plaisanterie, que déjà les journaux de la capitale et de la province ont répétée, et qu'on ne pensera certes point à attaquer chez eux. Mais il y a des hommes privilégiés, et je suis malheureusement du nombre de ceux qu'on peut classer dans cette catégorie.

Passons au second chef d'accusation :

*Pourquoi dites-vous tant de mal de notre premier ministre?—Parce que c'est un voleur.—Eh bien! moi je ne pense pas comme vous, et je crois que lui seul peut sauver la France.—Oui, en se brûlant la cervelle.*

Vous injuriez le ministre des finances, dit l'accusation.—Comment cela?—En l'appelant voleur.—Qui vous a dit que je l'eusse appelé voleur?—Vous, votre journal.—Ai-je dit : M. de Villèle est un voleur?—Non, vous avez écrit : *Un premier ministre*.—Avons-nous un *premier* ministre dans notre pays? non. Quelle est l'Excellence, qui signe : moi, premier ministre du Roi de France? Elle n'existe pas.

*Monsieur de Villèle est un voleur;*.... voilà ce que j'aurais écrit, si j'avais voulu avancer un fait semblable. Je n'aurais point cherché de périphrase, j'aurais employé le mot propre; car on sait que, pour exprimer ma pensée, je n'eus jamais recours aux ambiguïtés ni aux réticences.

Je n'ai donc pas dit que M. de Villèle fût un voleur; et plût à Dieu! qu'un fou, qu'un étourdi osât un jour publier que M. de Villèle est un voleur, et que la France entière se levât spontanément, et s'écriât à son tour : voilà un calomniateur!

Mais nous n'avons pas NOMMÉ M. de Villèle, et l'investigation de ceux qui sont chargés de veiller sur les intérêts sociaux, ne va pas jusqu'à inculper notre pensée : elle ne peut aller jusque-là; et quelqu'opinion que nous ayons de notre ministre des finances, nous nous garderons bien de l'émettre jamais en public, dans la crainte de passer pour ridicule aux yeux de quelques-uns, et coupable auprès de certains autres.

Nous n'avons donc pas dit que M. de Villèle fût un voleur; et, en rapportant une conversation tenue peut-être par des Allemands, des Russes ou des Anglais, nous n'avons désigné qu'un premier ministre. Or, comme il n'en existe pas chez nous, je ne vois pas pourquoi une de nos Excellences prendrait l'initiative pour nous reprocher notre expression. Est-ce que, dans les ministères des diverses puissances de l'Europe, les fautes sont héréditaires?... Est-ce que ces messieurs sont responsables des bévues de leurs voisins? Est-ce que l'un d'eux ne peut voler l'État, sans que les autres se croient coupables?... Et quoi! si M. Metternich vole, M. de Villèle en devra compte à ses concitoyens! Et si M. de Clermont-Tonnerre est blessé dans l'attaque honora-

BIBLIOTHÈQUE ROYALE I

ble de Chaillot, est-ce que ses confrères auront cru donner des preuves de courage et de sang froid?...

Non, Messieurs, en rapportant le résumé d'une conversation que nous avons entendue, nous n'avons nommé personne; ou, pour mieux nous expliquer, nous n'avons désigné qu'un premier ministre...

Et de quel droit traiterais-je M. de Villèle de voleur? Ai-je fait la balance entre ses revenus et sa fortune réelle?... Ai-je visité ses coffres?... Sais-je même s'il en a?... Lui ai-je demandé l'emploi des millions de millions qui ont passé par ses mains?... Non, certes; et si, au contraire, j'interroge ses actes, nul ministre n'a moins mérité que lui l'épithète injurieuse qu'on assure que je lui ai donnée.

Ne sais-je pas que pour achever le paiement d'une petite propriété qu'il vient d'acquérir dans le département qui a eu le bonheur de lui donner naissance, il a été forcé de demander plus de tems qu'il n'en faudrait à un citoyen d'une fortune médiocre? La France entière ne connaît-elle pas la faible dot qu'a reçue sa fille le jour de ses noces?... Je m'estime heureux de publier de pareils faits, Messieurs, puisqu'ils peuvent servir de bouclier contre toutes les attaques de la malveillance. Mais je n'ai pas nommé M. de Villèle.... *Vous avez voulu le désigner*, continue l'accusation, puisque vous avez ajouté : *lui seul peut sauver la France*.

La conséquence n'est pas juste; et, sans être trop initié dans le secret de la haute politique des états, il me semble que personne ne révoquera en doute que la mort d'un puissant ministre ne puisse sauver une nation voisine...

Metternich, assure-t-on, fait mouvoir l'Orient à son gré (et je frémis hélas à l'idée de la funeste influence qu'il y exerce); douterais-je, d'après cela, que la mort de Metternich ne fût le signal de la délivrance de la Grèce?...

. Nos stations navales ont protégé les généreux descendans d'Aristide et de Léonidas, et les navires spéculateurs de l'Autriche ont apporté des vivres et des armes aux bourreaux des Chrétiens. Ainsi ils échangeaient l'honneur contre des sequins; ainsi ils donnaient du bronze et on leur livrait des têtes mutilées...

Un ministre éloquent de la Grande-Bretagne, le même qui blessa en combat singulier ce M. Canning, investi aujourd'hui de toute la confiance de son Monarque, le marquis de Londonderry, remuait naguère à son gré tous les cabinets de l'Europe... Cet homme extraordinaire, créateur de tant de hardis projets contre le conquérant qui est allé expier sa grandeur sur un rocher sauvage, lord Castelreagh, avait aussi rêvé l'asservissement des peuples; lui, si généreux envers ces hordes sauvages qu'on achète encore comme des bestiaux, essayait alors de rendre toutes les nations tributaires de la sienne.... Tout à coup un cri belliqueux s'échappe du sein d'une ville à-demi civilisée... Ce cri, répété d'écho en écho, retentit bientôt dans les forêts vierges du sol Américain, franchit la cîme des Andes, et annonce aux enfans du Nouveau-Monde l'indépendance de leur pays...

L'Europe entière reste quelque tems immobile. Bientôt les passions s'agitent; des hommes audacieux s'empressent d'aller offrir à Bolivar les secours de leurs bras et de leur expérience; le sang coule dans la Colombie et le Mexique. En vain l'Angleterre, toute grande qu'elle est, veut opposer des digues à l'émancipation de ces peuples régénérés... Tout à coup aussi, fatigué des obstacles qu'il rencontre, ou plutôt victime de cette passion Britannique, si commune encore de nos jours, de s'affranchir de la vie par des moyens violens, Castelreagh s'ouvre volontairement la carotide... Eh bien! Messieurs, n'en doutons pas, ce coup de rasoir a été le signal de l'affranchissement des deux Amériques, et le sang qui coula ce jour à Londres arrêta peut-être des flots de sang sur les bords de l'Orénoque et de la Plata.

Il n'en est point des nations comme des familles, quoique les nations soient les grandes familles de la société. Un roi allié ne s'empare pas aisément d'un royaume vacant. Les héritiers d'une maison qui vient de s'éteindre, accourent avec empressement, et de puissantes lois leur garantissent de nouvelles propriétés. Mais que l'empereur de Russie ou le roi d'Espagne disent un dernier adieu à leurs peuples attristés, l'Angleterre ou la France auraient beau demander le sceptre décoré de deux colonnes, ou le diadême orné de deux aigles, d'autres monarques ombrageux seraient là pour s'y opposer, dans le cas si rare où nul prince héréditaire ne se lèverait pour faire valoir ses droits. Mais, après un instant de réflexion, qui révoquera en doute que la mort d'un monarque ne soit capable de changer la face des états?... Je n'aurais pas besoin de fouiller bien loin dans l'histoire pour y trouver des exemples victorieux. Eh bien! pourquoi la mort d'un ministre puissant ne produirait-elle pas à peu près le même résultat, lorsque surtout, la confiance du souverain s'en est long-tems rapportée à son zèle et à ses talens du salut de son pays ou du soin de sa politique?

Ainsi la mort d'un ministre étranger peut sauver une nation voisine; ainsi je ne me suis point rendu coupable d'injures ou d'outrages envers M. de Villèle, puisque je ne l'ai pas nommé, et que d'ailleurs, mon attaque eût été du moins inutile, puisque, quand on vole dans des coffres aussi riches que ceux de la France, il doit être difficile de s'arrêter, et de ne pas dévoiler enfin soi-même ses rapines.

Je n'ai pas dit non plus que la mort de M. de Villèle pût sauver la France, car le dialogue incriminé n'a désigné qu'un *premier* ministre, et nul de nous n'ignore que M. de Villèle n'est pas plus le premier ministre de la France que le premier ministre de l'Europe.

J'ai défendu ma cause sans appeler à mon secours les ressources d'une éloquence inutile qui aurait pu vous éblouir, mais non vous convaincre.

J'ai expliqué ma conduite avec la modération que

nes amis attendaient de moi; c'est à vous de juger si elle fut coupable.

Un législateur philosophe l'a dit :

Dans les élans rapides des écrivains qui flétrissent quelques vices, ou qui démasquent quelques ridicules, il est difficile, il est impossible même que la malveillance ou une trop grande susceptibilité ne trouvent pas un côté sans défense.

Ce n'est pas le cas aujourd'hui; et loin de qualifier de malveillans ceux qui m'ont appelé à cette barre, je suis convaincu au contraire que leur plus cher désir, est de me rendre à mes occupations, à mes amis, sans manquer néanmoins aux devoirs qu'on exige d'eux.

Lorsque la muse de notre moderne Pindare fut contrainte d'aller expier dans l'esclavage les sons mâles et harmonieux de sa lyre indépendante, elle se vengea de la rigueur des juges par de nouvelles strophes, par de nouveaux chants qui arriveront à la postérité. Vous n'avez pas, Messieurs, le même sort à redouter, et je n'ai pas hélas! le même avenir à attendre. Si vous me laissez ma liberté, je m'en réjouirai sans faiblesse; si vous pensez que des barreaux doivent, pour quelque tems, me séparer de la société, j'en gémirai, mais je ne me plaindrai pas encore : vous aurez cru remplir votre ministère.

Toutefois, quel que soit le jugement que vous allez prononcer, les honnêtes citoyens de cette ville ne me désavoueront pas. Je les ai vus, dans cette enceinte, sourire à ma défense, et m'encourager de leurs regards approbateurs. Cette récompense, Messieurs, est la plus douce à laquelle je puisse aspirer. J'étais déjà fier de leur estime, je le serai aujourd'hui de leur amitié.

Pendant ce discours, prononcé avec noblesse et fermeté, le silence religieux de l'assemblée n'est interrompu que par les murmures de la plus flatteuse approbation, excités par les plaisanteries délicates et la logique sévère de l'orateur. Un mouvement de satisfaction générale succède à la dernière phrase de M. Arago, qui en s'asseyant reçoit les félicitations de ses amis.

M.e Lassime a la parole pour la défense du point de droit. Nous la transcrivons textuellement :

MESSIEURS,

Des discours que la critique peut atteindre, des expressions marquées au coin d'une malignité plus ou moins délicate seraient passés inaperçus dans la foule de toutes ces productions que la presse fait éclore, si un soin quelquefois indiscret ne leur avait donné un malheureux éclat. Dans un tems où l'irritation passionne tous les écrits, il serait peut-être plus sage de ne pas prêter aux expressions le sens coupable qu'on ne songeait sans doute point à leur donner. Ne devrait-on pas laisser au lecteur, le plus souvent inattentif et distrait, le soin de punir de son indifférence ces satiriques équivoques dont une grande publicité ne venge jamais complétement ceux qu'on voudrait soupçonner d'en être les victimes?

Toutefois, si une colère sérieuse ne doit pas s'exhaler sur d'innocentes plaisanteries, la société ne peut souffrir, j'en conviens, que les choses les plus saintes soient impunément offensées par les traits du ridicule ou l'arme insolente du blasphème.

Mais dans ce jour, à qui s'adressent les accens de l'indignation ministérielle ?

La morale a-t-elle été outragée? la religion a-t-elle à gémir de quelque excès scandaleux? le nom vénéré du monarque a-t-il reçu quelque atteinte injurieuse? des provocations criminelles ont-elles noirci d'un venin funeste et corrupteur les pages du journal inculpé? une licence déhontée, franchissant les barrières qui devraient en quelque sorte murer la vie privée des citoyens a-t-elle soulevé le voile mystérieux, qui dérobait aux regards des faiblesses domestiques, pour les traduire au tribunal de l'opinion dans leur timide et humiliante nudité? quelques-unes de ces vérités sacrées sur lesquelles s'appuient le respect et le dévoûment des peuples, ont-elles subi des doutes outrageans? enfin, par quel scandale nouveau, digne de toute l'animadversion de la justice, a été signalée l'apparition du 61.me numéro du *Kaléidoscope*?

Le voici : ce journal s'est permis de dire, et je le répèterai très-sérieusement :

*La rue Vide-Gousset s'appellera désormais rue Villèle.*

Je ne parle pas encore de l'autre article où ce ministre n'est point nommé.

Ainsi, dans tous les numéros du *Kaléidoscope*, parvenu à sa 61 me livraison, le ministère public n'a pu faire le procès qu'à quatre ou cinq lignes, que l'on accuse de renfermer un outrage envers un ministre du Roi!

Il faut donc le reconnaître; si la susceptibilité des passions cherchait à soulever des haines contre M. Arago, l'accusation actuelle viendrait elle-même l'en garantir en montrant le peu de reproches adressés à cet écrivain, comparaissant pour la première fois devant la justice, dans l'objet de répondre et de se défendre sur deux phrases incriminées.

M. Arago s'en est reconnu l'auteur; dédaignant de se retrancher derrière la stupide assurance d'un éditeur responsable, il est venu lui-même expliquer sa pensée, il est venu se présenter à ses juges, plein de confiance dans cette inébranlable impartialité, et dans cette vertueuse indépendance qui sait se placer autant au-dessus des exigeances du pouvoir que de cette passagère faveur qu'offre une vaine popularité.

Dans des procès d'un caractère moins important, la défense ne néglige presque jamais de rappeler les antécédens que peut fournir la vie des prévenus. Ici les antécédens sont tous honorables, et comme ils sont une garantie rassurante chez l'écrivain qui consacre ses veilles et ses talens aux intérêts de ses concitoyens et de son pays, la défense omettrait une de ses premières obligations si elle passait sur des choses que la modestie du prévenu l'a contraint de vous taire.

J'aurai voulu devoir à toute autre occasion qu'à cette cause l'avantage de connaître M. Arago ; mais des personnes très-recommandables, une foule de gens dont les témoignages méritent la plus grande confiance, m'ont appris que les plus nobles qualités distinguaient cet homme de lettres ; doué d'une sensibilité qui ne se réduit pas à de stériles démonstrations, il s'est constitué le défenseur et même le soutien de l'infortune ; jaloux de protéger les principes conservateurs d'une sage liberté, telle qu'elle a été organisée par les institutions d'un roi généreux, il s'est montré l'énergique ennemi des vexations et de l'arbitraire, toujours prêt à défendre ce qu'il y a d'honorable, à repousser ce qu'il y a d'injuste. Parler de ces principes à quelques passions, à quelques préjugés, c'est exagérer leur fureur ; mais la raison ne peut les désavouer.

M. Arago se recommande sous d'autres rapports à la bienveillance des hommes qui chérissent leur pays et tout ce qui concourt à sa gloire : l'armée compte deux de ses frères parmi ses officiers les plus distingués ; un autre est lieutenant-général en Amérique ; l'Académie des sciences voit avec orgueil leur aîné dans son sein ; leur aîné, dont l'étonnant savoir devança les années et a justifié la flatteuse exception qu'elle s'empressa de faire pour lui seul. Ce frère joint à une grande renommée l'estime de tout ce qu'il y a de plus éminent dans les lettres et les arts, je dois surtout dire, d'un prince qui leur accorde une si généreuse protection.

Telles sont, Messieurs, les couleurs que la vérité

m'a prêtées, et sous lesquelles j'ai cru devoir vous présenter M. Arago. Après avoir bravé tant d'obstacles, tant de périls pour faire le tour du monde, toujours dans l'intérêt de la science et de son pays, il pensait enfin jouir paisiblement de cette satisfaction que procure une conscience sans reproche, toujours occupée de défendre le malheur et de dévoiler l'injustice. Mais il s'est trompé; tandis qu'il poursuivait cette louable carrière où de nombreux et d'encourageans succès l'accompagnaient d'un murmure approbateur, sa voix énergique a blessé l'oreille du ministère public.

Deux expressions seulement ont excité sa sévère attention : elles ont été rencontrées dans les articles qui vous sont signalés.

Ici s'offrent naturellement quelques réflexions sur le domaine étendu dont les feuilles publiques se sont emparé.

La liberté de la presse soumet à sa jurisdiction, non-seulement les actes de l'administration française, mais elle embrasse tous les mouvemens dignes d'exciter la curiosité, qui s'opèrent en Europe; les hommes et les choses passent successivement devant son tribunal. Celui qui est dans l'habitude de lire les journaux est aussi familiarisé avec les noms de Pétersbourg, Vienne, Londres et Madrid, qu'avec celui de Paris; avec les noms de Canning, Pozzo di Borgo, Metternich, qu'avec celui de M. de Villèle et de ses collègues.

Le *Kaléidoscope*, sous peine de ne plus intéresser ses lecteurs, est obligé de suivre cet exemple.

Dans une de ses parties intitulée *Mosaïque*, sont jetés une foule de petits articles renfermant chacun une pensée, qui est aussi étrangère à celle qui la suit que si elle en était séparée par vingt pages. En un mot, ce sont des pensées détachées sur des sujets tous différens les uns des autres.

C'est dans cette mosaïque qu'ont été découverts les fameux passages :

« La rue Vide-Gousset s'appellera désormais rue « Villèle.

» Pourquoi dites-vous tant de mal de notre premier » ministre? — Parce que c'est un voleur. — Moi, je » pense qu'il peut sauver la France. — Oui, en se » brûlant la cervelle. »

Ces deux phrases sont l'objet de l'accusation dirigée contre M. Arago.

Dans l'une, l'expression de *vide-gousset*, placée non loin du nom de M. de Villèle, est une offense grave, impardonnable, faite à ce ministre.

Dans l'autre, on ne lit ni le nom de M. de Villèle, ni sa qualité de président du conseil, ni celle de ministre des finances; on y trouve à la vérité le mot *voleur;* aussitôt le ministère public veut que cette expression ne s'applique absolument qu'à M. de Villèle.

Je ne sais qui doit s'attirer plus de reconnaissance de la part de ce ministre, de celui qui juge l'application si naturelle, ou de l'écrivain qui la repousse avec force.

M. Arago vous a déjà donné des explications qui ont diminué de beaucoup la tâche qu'il a voulu me confier.

Essayons de prouver d'abord que les quatre ou cinq lignes qui vous sont dénoncées ne renferment point, dans le sens de la loi, un outrage envers M. de Villèle.

Nous prouverons ensuite que dans la supposition d'un outrage, il n'aurait pas été commis à l'occasion de l'exercice des fonctions de ce ministre.

Occupons-nous du premier article:

Personne ne disconviendra que, pour qu'il y ait injure dans des paroles ou dans des écrits, il importe qu'il existe un rapport évident entre l'injure et la personne qu'on prétend offensée. Il faut aussi que l'expression dont la parole ou la plume se sont servis ait une signification outrageante ; il faut enfin que cette expression s'applique et ne puisse s'appliquer qu'à la personne que l'on représente comme outragée.

La loi, qui n'est elle-même que l'organe pur et désintéressé de la raison, consacre ces vérités : on ne peut nous refuser leur secours pour éloigner l'outrage du premier article.

En effet, que signifie cette expression, *vide-gousset*? aucun dictionnaire ne nous l'apprend ; je ne sais si l'accusation a été plus heureuse. Ainsi, jusqu'à ce que le dictionnaire régulateur nous dise que la raison ou l'usage ait donné à ce terme *vide-gousset* un sens injurieux, nous sommes autorisés à n'attacher à sa signification aucune idée d'outrage; car si l'on décompose le mot, on trouve, un *gousset vide;* or, quel rapport y a-t-il, je le demande, entre un président du conseil, un ministre des finances surtout, et un *gousset vide?*

Cette dénomination de la rue *Vide-Gousset* n'est, nous en convenons, ni belle, ni magnifique; mais elle est remplacée dans l'esprit de l'écrivain par un nom bien connu, un nom devenu européen.

Combien de fois, sans outrager d'autres personnages, n'a-t-on pas substitué à des dénominations peu nobles ou tout à fait obscures, un nom extrêmement honorable? Ces changemens vrais ou supposés n'ont jamais donné lieu à aucune réclamation.

Tout le monde sait comment s'appelait la rue Monbadon avant d'être décorée du beau nom qu'elle porte. Lorsqu'on annonça que l'ancien faisait place au nouveau, le noble pair devait-il se croire outragé?

M. de Villèle, si élevé, doit-il l'être? M. de Villèle qui a lu bien d'autres choses dans la *Villéliade,* dont il ne s'est pas offensé, peut-il être atteint par une expression qui n'est pas outrageante, à laquelle aucun dictionnaire ne dit que l'usage même attache un sens injurieux?

N'y mettons donc pas plus d'importance que ne le ferait M. de Villèle lui-même.

Que n'ont pas dit les journaux sur l'assoupissement prétendu de M. de Corbière? ce ministre n'en a pas moins pris, au milieu de ces bruyantes attaques, cette mesure de sommeil, qu'un grand et vigilant ministre sait utilement calculer dans l'intérêt de l'état, du commerce et de l'industrie.

Mais le mot *voleur*, mot, dit-on, bien capable de tirer l'homme d'état du sommeil le plus léthargique, croyez-vous qu'on puisse en frapper impunément l'oreille d'un haut personnage?

Non, on ne peut dire à quelqu'un, vous êtes un *voleur*, sans se rendre coupable d'une injure, d'un outrage.

Ainsi, nous arrivons au second article.

Mais pourquoi cette apostrophe ou cette imputation est-elle injurieuse? parce qu'il est certain qu'on l'adresse à tel individu, et que lui seul en doit être offensé; mais si l'outrage n'est pas personnel, s'il peut s'appliquer à tel ou à tel individu, une personne plutôt qu'une autre ne peut s'en plaindre.

Bien plus, si ce terme injurieux en lui-même n'a nul rapport avec la nature des fonctions ou la situation sociale, si ces fonctions et cette situation repoussent même l'application injurieuse qu'on veut faire, il n'y a réellement pas injure.

Un exemple : si on disait d'un avocat qu'il tue ses cliens, il ne pourrait y avoir injure pour l'avocat; car un avocat peut tout au plus perdre ses procès ; mais il ne tue pas ses cliens qu'il ne traite pas; il laisse ce soin aux médecins.

Dans la phrase incriminée, voyons s'il y a quelque

chose de personnel, et qui ait un rapport évident avec les fonctions de M. le Président du conseil.

Un interlocuteur qui n'est pas nommé, commence par ces mots : Pourquoi dites-vous tant de mal de notre *premier ministre?*— Un autre répond : parce que *c'est un voleur.* L'injure ou l'outrage ne peuvent résulter ici que des expressions, quelle que soit l'intention qu'on prête à l'écrivain.

Premièrement, tout se passe entre deux interlocuteurs qu'on ne connaît pas.

Ensuite, ce *premier ministre*, dont ils s'occupent, ne peut être un ministre Français, parce qu'il n'y a pas en France de premier ministre ; il n'y a que des secrétaires d'état, tous également responsables. Un premier ministre ne rend compte qu'au Monarque de son administration ; la forme de notre gouvernement proscrit un pareil titre.

Il n'en est pas de même chez les peuples voisins ; presque tous reconnaissent un *premier ministre;* en Autriche, en Espagne, on ne désigne pas autrement le ministre qui dirige les affaires de l'état ; mais cette qualification est inapplicable à M. de Villèle.

Toutefois, quoiqu'on ne puisse pas lui donner cette qualité, d'après nos institutions, est-on dans l'usage de le désigner ainsi?

C'est là le point important. Ce serait à l'accusation à prouver qu'on est dans l'habitude de se servir de cette expression, toutes les fois qu'on veut parler de M. de Villèle ; ce serait à l'accusation à prouver que *premier ministre* est la même chose que *président du conseil;* si l'accusation ne donne pas cette preuve, elle ne peut soutenir qu'il est réellement question de M. de Villèle dans la phrase incriminée.

Je dis plus : cette preuve est impossible ; jamais, soit à la tribune, soit dans les journaux, on ne lui a donné cette qualité ; que l'on consulte toutes les feuilles, toutes les discussions aux chambres : on verra toujours le *président du conseil*, jamais de *premier ministre*.

Pour outrager quelqu'un, quand on ne le nomme pas, il faut le présenter sous le titre ou la qualité qu'il porte habituellement.

Or, dans le *Kaléidoscope*, a-t-on indiqué M. de Villèle, en parlant d'un *premier ministre ?*

Dans un pays, au contraire, où ce terme est usité, où l'on ne connaît pas celui de *président du conseil*, ce ne serait pas désigner le *premier ministre* que de parler *d'un président du conseil.*

Mais, dira peut-être l'accusation, les mots sauver *la France*, ne montrent-ils pas qu'il s'agit d'un ministre Français ? Non, parce qu'on doit savoir que, suivant quelques écrivains, la prospérité ou la gloire de leur pays peuvent dépendre de la mort d'un ministre étranger ; celle d'un grand personnage en Europe n'a-t-elle pas imprimé aux mouvemens politiques une toute autre direction ?

Serait-il étrange actuellement, qu'une feuille publiblique se permît de dire que la mort d'un ministre

Anglais pût sauver l'Espagne, si tourmentée par les conséquences d'une nouvelle charte introduite en Portugal ?

Les termes qui suivent : *en se brûlant la cervelle*, montrent-ils plus heureusement M. de Villèle ? Pour qu'il y eût au moins quelque vraisemblance, il faudrait qu'il ait pris fantaisie à quelques ministres Français de se donner la mort. Mais a-t-on jamais su qu'une excellence Française se soit armée, dans ce dessein, d'un coupable rasoir ? Enfin, a-t-on en France un exemple d'un suicide ministériel ?

M. de Villèle n'est pas d'ailleurs atteint de ce mal funeste qui porte ordinairement les Anglais à s'arracher la vie.

Je veux admettre cependant, et par pure hypothèse, que l'expression relevée par le ministère public, pût s'appliquer AU PRÉSIDENT DU CONSEIL, l'accusation voulant soutenir que cette dénomination est synonyme de celle de PREMIER MINISTRE.

La défense, dans cette supposition, doit examiner si l'outrage aurait eu lieu à l'occasion de *l'exercice de ses fonctions*.

Tels sont les termes de l'accusation ; ils se retrouvent dans la procédure, dans l'avis de la chambre du conseil, et dans l'assignation donnée à M. Arago.

Il ne faut pas perdre de vue que M. de Villèle a deux fonctions distinctes : celle de président du conseil et celle de ministre des finances.

Comme suivant l'accusation, *président du conseil*

et *premier ministre* sont la même chose, ce haut fonctionnaire aurait été outragé, puisqu'on n'a employé que cette dernière dénomination, en sa qualité de président du conseil.

Dans combien de cas peut-on outrager un fonctionnaire public ?

Dans l'exercice de ses fonctions, à l'occasion de ses fonctions, ou entièrement hors de ses fonctions. Ces mêmes circonstances se reproduisent dans toutes les lois que les hauts fonctionnaires ont demandées aux divers gouvernemens qui se sont succédés.

D'après celles qui sont actuellement en vigueur, pour les délits de la presse, en ce qui concerne les fonctionnaires publics, il faut que l'outrage ait eu lieu à l'occasion de l'exercice de leurs fonctions.

Ce caractère de l'outrage est aussi tracé et déterminé par la loi.

Aussi, dans le passage inculpé par l'accusation, a-t-on cité quelques circonstances qui seraient l'occasion de l'outrage présumé ?

Suivant l'accusation, c'est le président du conseil qui a été insulté ; s'il l'était, comme la loi l'exige, à raison de ses fonctions, il faudrait nécessairement que M. Arago eût rappelé quelque acte de la présidence du conseil, quelque circonstance qui ait un véritable rapport avec cette présidence, ou du moins avec les autres fonctions de M. de Villèle ; il faudrait qu'après ou qu'avant cette expression, seule, isolée de *voleur*, on trouvât quelques faits, ou quelques raisonnemens auxquels elle pût se lier : rien ne s'y rattache ; il est donc absurde de prétendre qu'on a attaqué les fonctions du ministre, ou le ministre à raison de ses fonctions ; car ce n'est qu'alors que le dépositaire de l'autorité publique est réellement outragé ; s'il n'en est pas ainsi, l'homme privé, seul, est en droit de poursuivre l'offense parce que son autorité, son pouvoir ne sont nullement atteints.

Puisque l'accusation soutient que *premier ministre* n'est autre chose que *président du conseil*, ce ne serait qu'à ce titre que M. de Villèle aurait été injurié. Nous avons démontré, il nous semble, qu'il ne pouvait l'être à raison de cette éminente fonction ; il ne le serait pas plus comme ministre des finances. Ne sait-on pas avec quel soin chaque budjet est examiné, discuté ? Ne sait-on pas que les ministres sont obligés de rendre compte aux chambres, jusqu'à la dépense de quelques centimes ? Serait-il possible à M. de Villèle de s'arranger de manière à dilapider les fonds de l'état ? Croit-on que les chambres soient si faciles ? Il n'y a donc aucun rapport entre l'expression signalée par le ministère public et les fonctions de M. de Villèle, soit comme président du conseil, soit comme ministre des finances. Ainsi cette expression ne peut l'atteindre.

Personne ne l'ignore, on ne cherche à punir un outrage, que lorsqu'il peut réellement porter atteinte à l'honneur et à la réputation de quelqu'un.

Si un individu se présentait dans cette enceinte, et qu'il se plaignît d'un outrage qui ne pût en rien compromettre sa réputation ou son honneur, la justice étonnée n'aurait-elle pas droit de demander dans quel but cette plainte a été portée? Pourquoi ce procès!

De bonne foi, croyez-vous, Messieurs, que l'honneur de M. de Villèle, que celui du ministre du Roi soit compromis? c'est cependant ce que la loi a voulu, pour qu'il y ait outrage réel; et elle l'a voulu sans faire la moindre distinction entre un ministre du Roi et un simple fonctionnaire.

Eh, Messieurs, soyez-en convaincus, ces attaques vagues, ces propos amers que la presse fait jaillir sont loin d'avoir altéré le pouvoir et l'influence des ministres; aussi se gardent-ils de provoquer la poursuite de ces agressions quotidiennes. Ils savent bien que, si leur réputation et leur personne ne sont pas épargnées, les hommes publics, par un intérêt bien entendu, doivent laisser prescrire le droit de répression que la loi leur accorde; que les écarts, même de la presse, leur sont plus favorables qu'on ne pense; parce que l'injustice des reproches, la malignité des injures, se confondant avec le blâme sage et juste dont ils sont l'objet, laissent sans force et sans danger cette opinion raisonnable et modérée qui pourrait désapprouver leurs actes.

Tel est, Messieurs, le secret de cette apparente indifférence dont s'enveloppe le ministère au milieu des cris accusateurs qui se font entendre tous les jours à la suite de son char, sans pouvoir en arrêter la course rapide et prolongée.

Pourriez-vous croire que M de Villèle ait précisément reconnu la voix de M. Arago parmi les voix retentissantes des *Débats*, du *Constitutionnel*, de l'*Aristarque*, de la *Quotidienne*, de la *Pandore*, de l'*Écho*, de la *Nouveauté*, et de tous les autres organes publics? croyez-vous qu'il ait interrompu sa marche parce que le *Kaléidoscope* s'est réuni à ce nombreux cortège qui s'attache à tous les pas de Son Excellence? Non, vous ne pouvez le penser : non, M. de Villèle lui-même ne pourrait voir un outrage dans le deuxième article qu'on reproche à M. Arago, pas plus qu'il n'en a vu dans la *Nouveauté*, dont on vous a cité des passages, pas plus enfin que le ministère public lui-même n'en a vu à Paris au sortir du salon de Son Excellence, dans ces vers si mordans de la *Villéliade*, vers qui néanmoins n'ont pas amené leurs auteurs devant un tribunal correctionnel. Donnerez-vous, Messieurs, à ces mots, *rue Vide-Gousset*, à ces lignes qui vous sont dénoncées une valeur et une application qu'ils repoussent?

Des attaques d'une autre nature ont été méprisées; que dis-je, les magistrats ont jugé qu'il était prudent de ne pas y apporter une grave attention.

Vous en avez conservé l'affligeant souvenir. A une époque où la France reçut un coup si terrible de la main même qui renversa un petit-fils d'Henri IV, à une époque où un deuil universel consterna tous les esprits, un cri accusateur s'éleva tout à coup contre un ministre du Roi; M. Decaze fut signalé comme l'assassin de la victime; ce ministre, auquel cette accusation soudaine ne permit peut-être pas de réfléchir combien l'élévation de son âme, la pureté de ses intentions, et surtout son ferme attachement à la dynastie des Bourbons, le mettaient au-dessus de l'imputation, ce ministre crut devoir se plaindre devant les tribunaux; mais les tribunaux lui restituèrent toute la dignité de sa haute position; ils renvoyèrent l'accusateur absous, jugeant avec une grande sagesse qu'une pareille attaque n'avait pu atteindre cet homme d'état.

Nous regrettons beaucoup de ne pouvoir remplir toute la promesse que nous avions faite à nos lecteurs. Le manuscrit du réquisitoire prononcé par M. A. Desèze, a demeuré entre nos mains pendant trois jours; par des motifs particuliers, ce magistrat a cru devoir s'opposer à l'impression de cette pièce importante du procès, et nous l'a retirée au moment où elle était en partie composée. Cette circonstance nous cause un déplaisir d'autant plus grand, qu'elle nous prive de rendre publics les sentimens et les principes honorables professés par M. Desèze, dont les faveurs du pouvoir n'aliènent pas le noble caractère. S'il a dû être sévère pour remplir un devoir, nous n'oublierons pas qu'il a consacré les droits imprescriptibles de l'écrivain dont la mission est de *censurer publiquement les actes de la puissance;* nous reconnaîtrons avec lui, que *si le despotisme a besoin du secret et du silence, celui dont le trône et la force s'appuient sur une constitution libre ne craint pas de laisser à son peuple le droit de peser le système des ministres de son pouvoir.*

Quoique forcés de trouver pénibles les considérations particulières qui ont dirigé son attaque, nous aimons à citer ce qu'il y a de rassurant dans les vues générales qu'il a émises sur nos garanties les plus chères. Nous signalerons avec lui ce besoin d'indépendance qui tourmente tous les peuples et ce palladium de nos droits constitutionnels, cette liberté de la presse, signal d'un heureux avénement, bienfait royal qu'avec M. Desèze nous n'oublierons jamais d'invoquer, surtout quand par la manie des changemens ou par la soif de l'esclavage on tentera de nous en ravir la précieuse faculté.

M. Desèze, dans un paragraphe de son discours, a prétendu que l'accusé, qu'on présentait comme *l'apôtre et le martyr* de la franchise, avait eu recours à des faux-fuyans et à des détours indignes de son caractère dans la défense qu'il avait présentée au tribunal; M. Arago a vigoureusement repoussé cette nouvelle inculpation du ministère public, dans une brillante réplique improvisée pendant la lecture du réquisitoire. Voici cette réplique, qui a produit le plus grand effet parmi les assistans, et qui n'a pas manqué de détruire la fâcheuse impression qu'auraient pu déterminer les assertions hasardées de M. le Substitut.

MESSIEURS,

CE n'est pas tout que d'avoir raison; il faut que les honnêtes gens en soient convaincus; ce n'est pas tout que d'être convaincu que nos adversaires ont tort, il faut le leur prouver.

Je vous l'avoue ; cette double tâche me semble aujourd'hui si facile à remplir, que je serais presque tenté de croire à un appui pour moi, dans l'orateur auquel je vais répondre. Dépouillés du charme qu'a donné à son discours sa brillante élocution, je vais vous montrer à nu ses raisonnemens, ce sera vous en montrer la faiblesse..... Gardez-vous, toutefois, d'en accuser l'inexpérience et l'impéritie ; c'est, au contraire, parce que nous sommes tous intimement persuadés des talens et de la droiture de l'orateur qui m'a précédé, que nous le combattrons avec cette franchise... En face de tant d'autres, la crainte d'humiliantes applications m'aurait indiqué une autre marche ; ici ma profession de foi ne trouvera parmi vous que des approbateurs.

J'ai rapidement fixé mes pensées ; pardonnez d'avance au désordre de ma réplique.

L'acte d'accusation portait que j'avais injurié M. de Villèle dans ses fonctions ; aujourd'hui la question est changée ; je l'ai attaqué *dans sa qualité*.

Je n'avais donc pas un si grand tort de demander à ne parler qu'après mon accusateur, puisque j'ai à me défendre en ce moment d'une faute que je ne croyais pas avoir commise hier.

Ce n'est que dans les armes que *les feintes* sont permises ; en justice, elles prouvent l'insuffisance des moyens.

Quelque peu de générosité qu'il y ait à m'appeler à combattre sur un terrain qui n'est connu que de mon adversaire, voyons si j'ai injurié M. de Villèle dans *sa qualité*.

Quelle est la qualité de M. de Villèle ? Celle de ministre des finances.

En a-t-il une autre ?.... Oui ; il est président du conseil des ministres.

Y a-t-il, dans les lignes incriminées, un mot qui puisse être appliqué à M. de Villèle, ministre des finances, ou à M. de Villèle, président du conseil ? Je porte le défi, à la logique la plus serrée, d'ébranler seulement ma certitude du contraire. On pourrait tout aussi bien appeler *voleurs* MM. de Clermont-Tonnnère, de Corbière et Peyronnet que M. de Villèle ; et je ne vois pas pourquoi l'on ne m'a pas accusé d'avoir appelé *voleur* le ministère en masse : ma défense n'en eût pas été plus difficile.

Dire que M. de Villèle a créé certaines lois des indemnités pour pouvoir aisément acheter les créances de quelques individus, d'autant plus empressés de jouir que leurs privations ont été plus longues, ce serait alors l'attaquer *dans sa qualité*, puisqu'au lieu d'un Villèle, j'en aurais fait un spéculateur avide...... La phrase incriminée peut-elle ici trouver une application quelconque ? Non, Messieurs.

Dire que M. de Villèle a consenti à ces emprunts ruineux, faits dans le but noblement atteint, de pacifier la Péninsule, pour partager avec un parent ou un ami ces nombreux millions qu'a coûtés la délivrance du Roi d'Espagne, ce serait encore l'attaquer *dans sa qualité*, puisqu'alors j'en aurais fait un homme à l'Ouv...d, uniquement occupé du soin d'agrandir sa fortune, aux dépens des particuliers et au préjudice

des revenus de l'état.... Où est encore l'application ?...
Elle ne peut pas raisonnablement être faite.

On a eu raison de trouver de la virulence dans l'expression de *voleur* donnée à un ministre quelconque. Mais des expressions d'une toute autre importance ont retenti vingt fois aux oreilles des hommes du pouvoir, sans que leur susceptibilité en ait jamais été blessée. On n'a pas dit à M. de Villèle, aux chambres législatives : *Vous êtes un voleur ;* mais on lui a dit vous ruinez les rentiers, vous ruinez les propriétaires, vous ruinez la France. Ici, ce sont des faits ; chez moi, une accusation sans preuves contre un homme que tout le monde veut reconnaître.

Mais vous avez suffisamment désigné M. de Villèle, ajoute l'accusation, puisque, comme président du conseil, lui seul peut être premier ministre.

Voulez-vous que je détruise ce raisonnement d'un seul mot, Messieurs ? Ce n'est pas difficile. J'interroge ma mémoire, et je trouve que sous Louis XIII, le cardinal de Richelieu était président du conseil des ministres, sans être ministre lui-même, sans avoir de porte-feuille.....

L'état des choses n'est pas changé, Messieurs ; certes, nul de nous n'aura l'idée de mettre M. de Villèle au-dessus du Dauphin de France ; et cependant, quand LL. EExc. se réunissent pour délibérer sur le bonheur du peuple qu'ils gouvernent, et que Mgr. le Duc d'Angoulême assiste au conseil, qui est-ce qui occupe le fauteuil ?.... M. de Villèle.

Vous avouez donc que cet article ne peut pas s'appliquer à M. de Villèle, me dit mon adversaire..... Encore une fois, je ne dois, ni ne veux répondre à cette question que par ce qu'il est si aisé de prouver : *Je n'ai pas nommé M. de Villèle.* Malheur ! trois fois malheur, à notre beau pays, s'il est possible de le reconnaître dans les mots incriminés.

On a voulu vous faire entendre qu'il n'y avait pas de franchise dans ma défense, puisque, quoique je n'eusse pas nommé M. de Villèle, j'avais en effet prétendu le désigner.

Savez-vous, Messieurs, que M. de Villèle pourrait bien demander un jour à ceux qui m'ont poursuivi, pourquoi et à quels signes ils l'ont reconnu dans une phrase où on ne le nomme pas ? Je ne sais pas quelle serait leur justification ; quant à la mienne, la voici : — Avez-vous nommé M. de Villèle ? — Non. — Avez-vous voulu le désigner ? — Que vous importe ? je ne suis pas tenu de répondre à cette question. Si je trace le portrait d'un hypocrite, d'un menteur, d'un espion, est-ce que tous les espions, tous les menteurs et tous les hypocrites qui se reconnaîtront dans mon esquisse, viendront m'en demander raison ? Ne le croyez pas ; ils crieront au contraire, par dessus les toits, qu'ils n'ont point ces odieuses qualités, et ils recevront avec courroux celui qui viendra leur dire : *C'est vous qu'on a désigné.*

Ainsi, rien de faux, rien de jésuitique dans ma défense : *je n'ai pas nommé M. de Villèle ;* elle est toute là. Si vous l'avez reconnu, tant pis pour lui, et, je le répète, tant pis surtout pour la France.

Ce n'est pas en face de mon officieux avocat, Messieurs, que je consentirais à m'avilir par un mensonge, que ses regards feraient bientôt connaître à mes juges et à ceux qui m'entourent. Je ne connaissais point la partie de son éloquent plaidoyer, où il a rendu toute justice à quelques membres de ma famille, et où il a bien voulu ajouter quelques éloges dont j'étais seul l'objet. Quoique loin de les mériter tous, je garderai précieusement dans mon cœur le souvenir du bien qu'il pense de moi et de l'opinion qu'il a de mon caractère. Sous ce dernier rapport, Messieurs, j'accepte son suffrage, et personne, non, personne, j'en suis certain, ne se présentera pour le récuser...; (*murmures d'approbation*). C'est à vous, Messieurs, à y donner votre sanction, ou à juger que j'en suis indigne.

J'ai parlé; et j'attends votre décision avec la plus grande confiance; si vous me condamnez, dites M. Arago est digne de l'estime des hommes de bien, mais il est coupable d'avoir appelé M. de Villèle *voleur*, et je vous devrai encore de la reconnaissance.

M.e Lassime réplique, et s'occupe du nouveau caractère qu'on a paru donner à l'accusation.

« Je dois d'abord, Messieurs, témoigner ma surprise sur le changement que viennent d'éprouver les premiers termes de l'accusation; c'était en premier lieu; *à raison de l'exercice des fonctions du ministre* que l'outrage avait eu lieu, maintenant c'est *à raison de sa qualité*. On ne peut procéder ainsi ; les lois élémentaires, en matière d'accusation, énoncent des principes opposés à ce système nouveau, et ces principes sont connus de tout le monde. Serait-il juste, en effet, serait-il convenable qu'un prévenu qui s'attendrait à repousser une accusation dont les termes et la spécialité lui seraient connus, par la communication de la procédure instruite contre lui, par les termes de son assignation, et enfin par la lecture de cette même procédure, se vît contraint à l'audience de répondre à une accusation toute nouvelle, toute différente ? Or, qu'on nous montre une fois seulement ces mots, *à raison de sa qualité* dans toute l'instruction écrite. Si on est dans l'impossibilité de le faire, il faut reconnaître que la marche adoptée par le ministère public est tout à fait contraire à l'ordre établi. » (Après avoir lu le contenu de l'assignation, le défenseur continue) : « Toutefois abordons le terrain où l'accusation a cru se placer avec plus d'avantage : je vais démontrer que l'art. 6 de la loi du 25 Mars 1822, où l'on trouve en effet ces mots, *à raison de ses fonctions ou de sa qualité*, ne serait pas rigoureusement applicable, même en supposant qu'il y eût outrage dans les lignes que le ministère public dénonce à votre sévérité, et que je soumets, moi, à votre saine raison.

» Il est certain que les outrages, les injures adressés aux fonctionnaires publics avaient été prévus, soit par le code pénal, soit par la loi du 17 Mai 1819, sur la presse. La loi du 25 Mars a été rendue pour réprimer plus particulièrement les délits de la presse qui seraient commis envers les députés, les ministres de la religion, dont l'établissement est légalement reconnu en France, ainsi qu'envers les jurés, à raison de leurs fonctions.

» Il est vrai que le mot *fonctionnaires publics* se rencontre dans les termes de l'article; mais comme les lois antérieures sur cette matière n'ont pas été abrogées, et qu'elles s'occupent spécialement des outrages envers les fonctionnaires publics, elles doivent recevoir ici une application exclusive ».

Le défenseur cite un passage du rapport de M. Chiflet à la chambre des députés sur cette dernière loi, pour montrer qu'il est conforme à sa manière de voir sur ce point.

« Mais, lors même que l'outrage dont parle l'accusation rentrerait dans les dispositions de l'art. 6 de la loi du 25 Mars 1822, il faudrait encore que l'outrage eût été commis *à raison des fonctions;* ces mots de la loi sont seulement relatifs *aux fonctionnaires,* tandis que ceux-ci: *à raison de sa qualité,* ne concernent que les députés. En effet, quelque tems avant que la loi fût portée, des députés avaient été outragés comme députés, *à raison de leur qualité,* parce qu'ils siégeaient de tel côté plutôt que de tel autre; c'était leur qualité de député qui avait seule occasionné d'injustes et inconvenantes attaques. Mais confondre dans la loi les mots, *à raison de ses fonctions,* qui s'appliquent nécessairement aux *fonctionnaires*, avec ceux-ci, *à raison de la qualité* qui regardent le *député* particulièrement mentionné dans l'article, ce serait réunir deux idées qui se repoussent. Ainsi, dans le cas même où cette loi serait applicable, nous avons, il nous semble, montré qu'il serait à examiner si M. le Président du conseil a été outragé *à raison de ses fonctions*. Or, cet examen se rattache aux argumens développés dans ma plaidoirie; je n'ai pas besoin de les reproduire.

» J'ai raisonné dans l'hypothèse où l'on pourrait regarder comme outrageantes les deux phrases incriminées; mais, je le répète, tout doit être relatif dans l'injure prétendue : des rapports certains doivent exister entre cette injure, et celui qu'on en dit être l'objet; or, Messieurs, mesurez la distance qui sépare M. de Villèle des mots *vide-gousset* et *voleur;* celui-ci surtout dans son isolément de toute circonstance; mesurez cette distance, qui est immense, et daignez nous dire si ces rapports voulus par la raison, par la loi, apparaissent dans les lignes incriminées. Qu'on ne rapproche pas imprudemment ce qui est si éloigné de M. de Villèle, puisque ses fonctions repoussent elles-mêmes toute injure; qu'on se garde, par un zèle trop ardent, de chercher à prouver que l'injure peut s'élever jusqu'à ces mêmes fonctions.

» Pour établir que l'outrage envers le ministre résultait des termes de la deuxième phrase inculpée, le ministère public a eu recours à d'autres articles, tout à fait étrangers à cette phrase. Deux observations seulement à cet égard : l'accusation, en procédant ainsi, prouve jusqu'à l'évidence que des termes seuls ne résulte point l'outrage, et que, puisque M. de Villèle n'est point nommé, rien n'indique dans les expressions que ce soit de lui dont il est question ; si l'accusation en était convaincue, elle n'irait pas chercher ailleurs des preuves de l'outrage. Mais, sous un autre rapport, qu'on y fasse attention, ce n'est pas un procès de *tendance* qui nous est suscité ; ce n'est donc pas par des articles d'un autre numéro ou d'une nature différente, que l'on doit expliquer une pensée que les termes seuls de la phrase inculpée peuvent expliquer. Ainsi ce dernier moyen de l'accusation révèle la difficulté de sa position ; car, si M. de Villèle, n'étant pas nommé, était désigné comme il aurait dû l'être, pour qu'il fût évident que c'est lui seul dont on a voulu parler, on n'aurait pas besoin de comparer des expressions de plusieurs autres articles avec celui qui vous est déféré, pour montrer la criminalité de ce dernier. Cette circonstance remarquable de l'accusation offre à la défense une justification heureuse et facile du deuxième article ; il est inutile d'y ajouter aucune autre observation. »

Les débats étant clos, le tribunal s'est retiré dans la salle du conseil. Après une heure et demie de délibération, les juges sont rentrés, et M. le président Duvergier a prononcé le jugement qui absout M. Arago sur le premier point de l'accusation ; mais qui le déclare coupable d'avoir voulu désigner M. de Villèle dans le second article, en lui appliquant les épithètes de *pre-*

*mier ministre* et de *voleur*. En conséquence, le tribunal a condamné M. Arago en un mois d'emprisonnement, 300 fr. d'amende et aux frais. Le ministère public avait conclu à trois mois de prison et 1,000 fr. d'amende.

Au sortir de l'audience, M. Arago a trouvé les flatteurs témoignages de l'intérêt qu'on lui porte, dans une ville où le vrai mérite est justement apprécié. Ce n'est qu'avec peine qu'il a pu se dérober à ses nombreux amis et aux félicitations empressées de la foule.

Fidèle à la promesse qu'il avait faite à ses juges, M. Arago n'en a pas appelé de leur décision. Cette détermination est un nouvel argument en faveur de la noblesse de son caractère, que ce procès n'a pas fait dévier un seul instant, et qui lui assure l'irrévocable estime de tout ce que notre cité renferme d'hommes justes, éclairés et recommandables.

BIBLIOTHÈQUE ROYALE

---

**A BORDEAUX,**

DE L'IMPRIMERIE DE J. PELETINGEAS FILS,

RUE SAINT-REMI, N.° 23.

www.ingramcontent.com/pod-product-compliance
Ingram Content Group UK Ltd.
Pitfield, Milton Keynes, MK11 3LW, UK
UKHW020359220726
13923UKWH00004B/1662

9 782019 310875